Le vingt-cinquième

Anniversaire sacerdotal

du

P. AUGUSTIN LARGENT

LE VINGT-CINQUIÈME

ANNIVERSAIRE SACERDOTAL

DU

P. AUGUSTIN LARGENT

LE SACREMENT DE L'ORDRE
Tableau de Rogier van der Weyden, conservé au musée d'Anvers.
Quinzième siècle.

LE VINGT-CINQUIÈME

ANNIVERSAIRE SACERDOTAL

DU

P. AUGUSTIN LARGENT

PRÊTRE DE L'ORATOIRE

PARIS — DOUAI — JUILLY

Mosaïque de l'église Santa-Maria-Nuova, à Rome.
Neuvième siècle.

IMPRIMÉ

PAR D. DUMOULIN ET Cie, A PARIS

MAI 1889

ANGE RECUEILLANT LE SANG DE JÉSUS-CHRIST

Peinture de Giunta de Pise, à Assise. XIIIe siècle.

Celui, dit Jésus-Christ, qui mange ma chair et boit mon sang, demeure en moi, et moi en lui. (S. Jean, VI, 57.)

L'Église, figurée par une Orante ayant à sa droite S. Pierre, et à sa gauche S. Paul. Fresque des catacombes, IIe siècle.

LA FÊTE
A
L'ORATOIRE DE LA RUE D'ORSEL

SAMEDI, 22 DÉCEMBRE 1888

Le samedi 22 décembre 1888 était jour de fête à la maison de l'Oratoire, rue d'Orsel. Le R. P. Largent, l'un des anciens de la Congrégation, où il était entré le 30 septembre 1859, célébrait le vingt-cinquième anniversaire de l'ordination sacerdotale qu'il avait reçue le samedi des Quatre-Temps, 19 décembre 1863.

Le matin à huit heures, réunion tout intime à la chapelle. Ne convenait-il pas qu'il en fût ainsi? La première messe du nouveau prêtre est célébrée d'ordinaire au milieu d'un petit groupe de parents et d'amis; c'est une joie de famille qui veut tous les cœurs à l'unisson. La messe du 22 décembre 1888 eut ce caractère. En redisant une fois encore les paroles que ses lèvres avaient si souvent prononcées : *Introibo ad altare Dei*, « Je monterai à l'autel du Seigneur, » le P. Largent put entendre auprès de lui une voix sacerdotale, écho de la sienne et de tous ses confrères présents, lui répondre : *Ad Deum qui lætificat juventutem meam*, « à l'autel de ce Dieu qui réjouit notre jeunesse comme il réjouit la vôtre. »

A midi, dîner de fête, présidé par le R. P. Nouvelle, vicaire général de l'Oratoire. Aux Pères de la rue d'Orsel étaient venus se joindre : M. l'abbé Duchesne, tout récemment nommé membre de l'Institut; les RR. PP. Berthe et Pladys, rédemptoristes; le P. Olivier, supérieur du collège de Juilly; le P. Morel, supérieur de la maison de l'institution de l'Oratoire, à Sceaux; le P. Paul Lallemand.

A la fin du repas, animé par la plus fraternelle gaieté, la série des toasts commença. Le R. P. Nouvelle donna tout d'abord la parole au R. P. Lescœur, supérieur de la maison de la rue d'Orsel, qui s'exprima en ces termes :

Si je prends la parole le premier, c'est que j'ai à cet honneur un titre spécial, je veux dire l'ancienneté. Je suis, en effet, dans cette réunion où vous ne comptez que des amis, le doyen de tous. Seul de vos confrères, je puis me rappeler vous avoir vu entrer à l'Oratoire avec la barbe au menton — cette barbe fière de l'étudiant, qui allait si promptement tomber sous la faux cléricale. Je suis peut-être le seul aussi qui ait vu blonde cette belle forêt neigeuse de cheveux blancs que nous admirons aujourd'hui. Mais quoi qu'en disent mes yeux, quelles que soient les apparences sensibles, je sais bien, et tout le monde le pense avec moi, que si vos cheveux ont vieilli, rien n'a vieilli en vous, ni le cœur, ni l'imagination, ni la mémoire, ni tant d'autres dons précieux que je ne veux pas énumérer de peur d'être trop long, et aussi pour épargner votre modestie.

Je voulais, mon cher Père, porter un toast — que votre purisme me pardonne ce mot barbare que Bossuet n'a jamais connu — à vos noces d'argent. Mais, vous le dirai-je, je ne puis prononcer ce mot sans éprouver un singulier phénomène, analogue à celui dont nous parle la science musicale. — Je ne suis pas fort en musique, — ni vous non plus, je crois, — et si je fais une hérésie, les musiciens qui sont ici voudront bien me pardonner en faveur de l'intention. Donc, en musique, on dit que si l'on frappe sur certaine touche d'un instrument, on n'entend pas seulement le son qu'on a voulu provoquer, mais le son correspondant à l'octave supérieure. C'est ainsi qu'en voulant prononcer pour vous le mot de *noces d'argent*, j'entends invinciblement retentir aux oreilles de mon esprit cet autre mot : *noces d'or*.

Qu'est-ce que cela veut dire ? Cela veut dire, je n'en doute pas un instant, qu'un jour on célébrera aussi vos noces d'or, et que ce jour-là vous serez aussi jeune qu'aujourd'hui. Il n'y aura qu'une différence que je vais vous dire : c'est que l'action de grâces alors sera double de toute façon, non pas seulement parce que vous aurez ajouté vingt-cinq ans de sacerdoce à vingt-cinq ans, mais parce que tout ce que vous avez déjà donné à l'Église *avant l'automne*, d'œuvres théologiques, historiques, littéraires, poétiques, sera plus que doublé. Heureux ceux qui assisteront à cette belle fête ! La vieille mythologie, — une radoteuse, — prétend que l'âge d'argent vint après l'âge d'or, et commence la décadence. Pour vous, c'est l'âge d'or qui vient le second, et qui perfectionnera encore l'âge d'argent.

Je bois donc à vos noces d'argent, — mais dans ma pensée, je bois encore plus à vos noces d'or.

Au P. Lescœur succéda le P. Mariote, doyen d'âge de l'Oratoire, qui récita le quatrain suivant :

L'argent que nous fêtons, cher, vénéré confrère,
Dans vingt-cinq ans d'ici sera de l'or très pur.
De loin je le verrai, de haut aussi, j'espère :
Mon Dieu, faites ce jour de rayons et d'azur! [1]

Puis, ce fut le tour du P. Morel qui donna lecture d'une pièce de vers, composée par le P. Maillard, naguère professeur de rhétorique au petit séminaire et collège diocésain de Saint-Lô,

1. Deux mois après, le 5 mars 1889, le P. Mariote mourait à Lourdes. son espoir est réalisé ; il est « en haut », mais il n'est pas « loin de nous ».

actuellement novice à l'Oratoire, mais non pas novice en poésie, comme le lecteur en pourra juger :

Si la reine des nuits est si douce et si belle
Quand sa lumière crée à l'horizon changeant
Des tableaux merveilleux, plus beaux que ceux d'Apelle,
C'est qu'elle a des rayons d'argent.

Aux cimes des grands monts si la neige pressée
Fascine les regards du pâtre intelligent
Et vers les hauts sommets emporte sa pensée,
C'est qu'elle a des reflets d'argent.

Si sous les feux du jour l'alerte balancelle
Vogue avec tant de grâce en son vol diligent
Sur le flot qui s'entr'ouvre et sous elle étincelle,
C'est que son sillage est d'argent.

Si le givre, qui pend à ses frileuses branches,
Semble donner des fleurs au vieil arbre indigent,
C'est qu'il sait lui tailler de belles robes blanches
Avec des hermines d'argent.

Si sur le lac voisin qu'il emplit d'harmonie,
Le cygne gracieux charme l'œil en nageant,
Et parfois même inspire un fils de l'Ionie,
C'est qu'il a des ailes d'argent.

Si la cloche qui dort dans la tour isolée

Avec l'oiseau perché sur son bras obligeant,
Entre si fort dans l'âme en prenant sa volée,
C'est que son doux timbre est d'argent.

Si le cœur s'attendrit à la mine câline
D'un « saint homme de chat », rusé, plein d'entregent
C'est que souvent aussi, Sa Majesté féline
Porte une fourrure d'argent.

Si jamais la vieillesse à l'enfance touchée
Arrache des regards qui vont se prolongeant,
C'est que le vent du Nord sur sa tête penchée
A fait tomber des fleurs d'argent.

Si certain livre, écrit dans la langue d'un maître,
Du pays de la Foi rend l'aspect engageant,
C'est que l'auteur, lettré toujours et toujours prêtre,
Se sert d'une plume d'argent.

« Avant l'automne », si l'artiste se recueille,
Et reprend les sentiers parcourus en songeant,
Des épis oubliés que sur sa route il cueille,
Il forme une gerbe d'argent.

Si le Pactole bat de ses ondes propices
Les vieux murs délabrés d'un castel indigent,
S'il roule dans ses flots ciboires ou calices,
On bénit le Père Largent!

O Père généreux ! que Jésus nous écoute,
Et que, par Lui bénis de très longs jours encor,
Les parfums qu'à ses pieds vous versez goutte à goutte,
Durent jusqu'à vos noces d'or !

La prose et la poésie françaises avaient parlé, le vers latin voulut, lui aussi, se faire entendre, et le P. Godet lui prêta sa voix.

Ingenii fandique potens, quem Flandria felix
Edidit, et gaudet Condremus esse suum,
Te, redeunte anno, fratrum laus debita poscit,
Et patriæ Musæ carmina grata sonant ;
En confisa tibi, proprios Ecclesia fastos
Tradidit, ac purum, quod tueare, decus :
Adveniet sed quando dies, signanda lapillo,
Cum tua Christiadum pagina gesta dabit ?
Non alius nostris nunc Augustinus in oris,
Fronte gravis nivea, conspiciendus adest ;
Ipse, reviviscens duce te, Chrysostomus hæret,
Aureaque intentus, jam tua, verba bibit.
Gloria nempe tibi majorum cessit avita,
Creveruntque, tuo numine, divitiæ,
Qui proprias laudes patriis virtutibus addis,
Et primus posses stemmatis esse tui.
Salve igitur, dulcis nostræ tutela juventæ,
Spes et certa domus, nutriciusque Pater.
O utinam veniat claudo pede tarda senectus,

Ne nimium fratres, te moriente, fleant ;
Ac prius unanimi nostro potiaris amore,
Quam decus a culta posteritate petas !

Enfin, M. l'abbé Duchesne, au nom de la faculté de théologie de l'Institut catholique de Paris, souhaita longues années au professeur d'histoire ecclésiastique, son collègue, et le R. P. Nouvelle invita tous les assistants aux futures noces d'or.

Le collège Saint-Jean, de Douai, et le collège de Juilly devaient à leur tour se faire joie de fêter le P. Largent, mais ses confrères de la maison de résidence de Paris avaient naturellement tenu à honneur de célébrer les premiers le vingt-cinquième anniversaire d'un sacerdoce dont vingt-deux ans s'étaient écoulés en leur compagnie. E. M.

L'Agneau victime est couché, mais c'est dans l'attitude du repos et la tête haute, car il est vivant et il règne.
Fresque de V. Orsel, église N.-D. de Lorette, à Paris.

S. Jean se repose sur la poitrine du Sauveur.
D'après la fresque de H. Flandrin, dans l'église Saint-Séverin, à Paris.

LA FÊTE
AU
COLLÈGE SAINT-JEAN DE DOUAI

JEUDI, 3 JANVIER 1889

Après avoir été fêté à l'Oratoire de Paris par ses confrères, le P. Largent a voulu réunir autour de lui ses parents et ses amis pour célébrer avec eux le vingt-cinquième anniversaire de l'événement capital de sa vie. C'est à la ville de Douai qu'il a pensé pour y donner cette fête du souvenir. Tout le conviait à faire ce choix. C'est là qu'avait porté son foyer et terminé sa vie celui qui fut son frère, non seulement par le sang, mais encore par le cœur et par la pensée ; là qu'habite l'enfant dans laquelle ce frère chéri s'est survécu. Là aussi, le P. Largent possède une élite d'amis, et l'un d'eux, l'ami d'enfance, uni au

P. Largent par les liens d'une affection que le cours de la vie a rendus toujours plus étroits, lui offrait sa maison, le pressait de choisir le grand établissement d'instruction qu'il dirige, pour y réunir ceux qu'il voulait, en cette circonstance, grouper autour de lui. A Douai, d'ailleurs, le P. Largent se trouvait rapproché de deux lieux qui lui sont chers entre tous : La Bassée qui fut son berceau, et où il avait reçu les premières impressions religieuses qui, plus tard, approfondies par la réflexion, l'avaient conduit au sacerdoce; Fressain auquel l'attachaient de si chers souvenirs, où il avait célébré sa première messe, où si souvent il avait exercé son apostolat, et où vit encore la mémoire du pasteur vénéré qui fut à la fois son parent, son ami et son guide.

Répondant à l'invitation qui leur avait été faite, le 3 janvier, parents et amis du P. Largent s'étaient réunis au collège de Saint-Jean. A onze heures, dans la chapelle de l'Immaculée-Conception, — l'élégant sanctuaire qui sert aux exercices de la Congrégation de la Sainte-Vierge, — le P. Largent montait à l'autel, pendant que l'orgue entonnait le *Juravit Dominus et non pœnitebit eum : Tu es sacerdos in æternum.*

Après l'évangile, M. le chanoine Mortreux, supérieur de l'institution de Saint-Jean, compatriote et ami d'enfance du P. Largent, a pris la parole et s'est exprimé en ces termes :

> Bono animo gloriam redde Deo, et non minuas primitias manuum tuarum. — De grand cœur rendez gloire à Dieu, et ne retranchez rien des prémices de vos mains. (*Eccli.*, xxxv, 10.)

Mon cher ami,

J'aurais pu vous adresser ces paroles il y a vingt-cinq ans, lorsque vous montiez pour la première fois à l'autel, dans cette église de Fressain dont le souvenir est inséparable de votre vie, et je puis les rappeler, maintenant que les années ont tempéré l'amertume des regrets, et vous ont fait arriver à ce jour où, comme vous le chantiez naguère,

. . . . . La douleur s'apaise,
L'âme allège en partie un fardeau qui lui pèse [1].

Votre aîné de quelques mois dans la vie sacerdotale, je vous avais vu à mes côtés lorsque je gravissais pour la première fois la sainte montagne, et j'étais près de vous quand, à votre tour, vous célébriez vos prémices.

Ces mêmes paroles ne puis-je pas vous les redire en ce jour? « *Bono animo gloriam redde Deo, et non minuas primitias manuum tuarum*. De grand cœur rendez gloire à Dieu, et ne retranchez rien des prémices de vos mains. » Oui, après vingt-cinq ans, mon cher ami, rendez gloire à Dieu, de tout, des joies et des douleurs; ni les unes ni les autres n'ont été sans fécondité; du bien qu'il vous a été permis de faire; des grâces dont vous avez été l'objet ou le providentiel dispensateur. Que votre cœur laisse éclater sa reconnaissance : *Bono animo gloriam redde Deo*. Renouvelez aussi les espérances, les promesses, les offrandes du premier jour de votre sacerdoce et de votre première messe, n'en retranchez rien. Quoi que votre humilité soit tentée d'en penser, vous pouvez avec confiance regarder le passé, et, rapprochant vos noces d'argent

1. *Avant l'automne*, Lemnos.

de vos prémices, vous livrer aux allégresses de votre jubilé comme vous vous livriez, il y a vingt-cinq ans, aux allégresses de votre première messe.

Il y a un siècle, mon ami, ce pieux et élégant sanctuaire n'existait pas. Pourtant le sol sur lequel il s'élève était déjà un sol sanctifié. Ici même et au delà s'étendaient l'enclos et les bâtiments du séminaire de la Motte. De jeunes lévites, désireux de se former à la science sacrée et aux vertus sacerdotales, y recevaient la direction de prêtres vénérables et y recueillaient les doctes leçons des professeurs de l'Université de Douai. Au delà et dans ce qui forme actuellement le collège, vivaient dans le silence, le travail et la prière les humbles filles de sainte Brigitte. Si mon regard se porte un peu plus loin, je retrouve presque intacte la demeure qu'habitaient les fils du vénérable Pierre de Bérulle, vos ancêtres, mon ami, dont vous avez le droit d'être fier, à une exception près, qu'expliquent sans l'excuser les événements qui ont marqué la fin du siècle dernier.

Dites-moi, mes frères, si un oratorien, professeur dans une de nos jeunes et déjà illustres universités catholiques, n'est pas ici chez lui et dans un lieu providentiellement désigné pour y célébrer son jubilé sacerdotal ?

Est-il besoin, mon ami, d'expliquer davantage le

choix que vous avez fait, ou plutôt que nous avons fait, de cette maison pour fêter votre vingt-cinquième anniversaire ? Que d'émotions à la fois douces et amères vous rappellent ces lieux ! Que de souvenirs éveillent en vous les grands arbres voisins sous lesquels vous avez, à des heures douloureuses, promené vos tristesses ! Laissez-moi vous le dire aussi, que de sympathies sincères, que d'affections vraies vous y avez rencontrées !

Et n'est-ce pas par une délicate attention de la Providence que vos amis ont recueilli en quelque sorte les pierres dispersées du foyer paternel, afin de vous refaire un autre foyer où se réunissent, pour vous fêter, les parents qui vous restent, les maîtres et les compagnons de votre enfance et de votre jeunesse avec les amis de votre maturité ?

Il ne serait pas sans opportunité, mes frères, de parler en ce moment des grandeurs, des devoirs, des joies et des épreuves du sacerdoce. Vous y trouveriez facilement plus d'un trait de la vie du prêtre que nous fêtons. Pourtant je sens que je ne dois pas m'arrêter à cette pensée. Nous formons ici, en effet, une réunion d'un caractère si intime, que je me reprocherais de dire une seule parole qui ne portât point ce cachet particulier d'intimité. Après tout, un jubilé est un acte de reconnaissance envers Dieu, et en faisant l'histoire d'une âme, c'est l'histoire de la grâce et de la miséricorde divines que l'on fait.

Dieu vous avait de bonne heure appelé au sacerdoce. Il en est plusieurs parmi vos amis ici présents qui peuvent comme moi en rendre témoignage. Je me reporte par la pensée à cette chapelle ornée par vos mains enfantines. Vous y reproduisiez ce que vous aviez vu faire dans cette vieille et imposante église paroissiale, enrichie, embellie depuis, mais qui parle moins sous ces ornements à votre cœur et au mien, que ne le faisaient ses grands murs nus et froids. Je me rappelle nos chants, nos cérémonies, nos processions, les sermons que, prédicateur de huit ans, vous prononciez avec une conviction dont nous n'étions pas tentés de rire. Je sens que je réveille tout un passé plein de charme, et je vois dans cet auditoire deux de vos amis qui ne peuvent m'entendre sans émotion, parce que ces souvenirs qui sont vôtres et qui sont miens sont aussi leurs souvenirs, et qu'ils évoquent un monde désormais fini pour eux comme pour nous. Le sacerdoce vous était apparu dès votre plus tendre enfance, et déjà vous vous étiez habitué à le regarder avec les yeux de la foi, et à le traiter, même dans vos jeux, avec cette gravité solennelle qui permettait d'y découvrir les signes d'une vocation sérieuse.

Indépendamment de la grâce divine, cette précoce

intuition de la grandeur du sacerdoce ne venait-elle pas de ce que les premiers prêtres qui tinrent une place dans votre vie étaient des modèles de cette gravité et de cette régularité, dont, grâce à Dieu, le clergé français nous fournit beaucoup d'exemples ? Après plus de quarante ans ne vous semble-t-il pas revoir le vénérable pasteur qui, dans nos appréciations d'enfant, représentait Dieu et l'Église [1], et ce prêtre votre premier maître, jeune alors et plein d'ardeur, qui, en assistant à vos noces d'argent, retrouve, j'en suis sûr, les émotions qui remuaient son âme quand il y a deux ans vous parliez si bien à ses noces d'or [2] ? *Bono animo gloriam redde Deo !* Remerciez Dieu, mon ami, pour cette grâce de la vocation, source de tant d'autres grâces ; remerciez Dieu pour cette enfance pieuse jusque dans ses amusements ; remerciez Dieu surtout de vous avoir fait naître dans une famille chrétienne, entre un père et une mère qui vous apprirent par leurs leçons et par leurs exemples à aimer et à pratiquer la vertu. Je relisais, il y a quelques jours, les pages intimes écrites pour vous et pour quelques amis seulement, et, en les relisant, je me reprenais à relever ce foyer disparu trop tôt. J'y revoyais votre père : il souriait à vos jeux, il écoutait

1. M. l'abbé Gérin, curé-doyen de La Bassée, de 1829 à 1869.
2. M. le chanoine Lecocq, ancien curé d'Aniche.

vos questions, il y répondait avec une gravité qui n'excluait ni la bonté ni une gaieté discrète. J'y revoyais votre mère, douce, un peu inquiète peut-être, et portant au front et dans le regard une sorte de tristesse, dont j'ai gardé l'impression, et qui n'était sans doute que le reflet de ces pressentiments que Dieu donne aux mères afin de les préparer de longue main aux amertumes qu'il leur réserve. J'y revoyais aussi cet autre vous-même, votre frère par la nature, par les aspirations élevées et par la manière de comprendre la vie et de la goûter. *Bono animo gloriam redde Deo ;* de grand cœur remerciez Dieu, car si ces souvenirs renouvellent vos premières et vos plus poignantes tristesses, chrétien et prêtre, vous savez qu'il n'y a rien d'achevé sans la douleur, et que la douleur bien comprise et vaillamment acceptée élève l'âme à des hauteurs que n'atteindra jamais une vie toujours sereine. Ce n'est pas à vous, mon ami, qu'il faut redire ces vérités, à vous qui avez chanté les transformations de l'âme par la douleur, et qui, loin de la maudire, avez célébré les austères faveurs de cette sévère mais bienfaisante visiteuse qui

Fait grands et fait chrétiens ceux qui n'étaient qu'heureux [1].

Dieu, qui vous avait marqué du signe de la vocation

1. *Avant l'automne*, La douleur.

sacerdotale, ne pouvait un seul instant abandonner son œuvre. Sa Providence, plus paternelle pour les âmes qu'elle se choisit, leur ménage toutes les grâces nécessaires à la réalisation de ses desseins sur elles. Aussi quand tout à l'heure vous remonterez au saint autel, vous y porterez, mon ami, le souvenir reconnaissant des faveurs divines : grâce d'une éducation chrétienne, grâce d'une jeunesse studieuse, éprise du désir de savoir, grâce même de ce qu'on serait tenté de regarder comme un arrêt dans la voie qui devait vous mener au sacerdoce et qui n'était en réalité, dans la pensée de Dieu, qu'un moyen de vous faire pénétrer plus avant dans les besoins d'une société à laquelle vous deviez consacrer plus tard votre intelligence, votre zèle, votre vie; grâce enfin de cet appel mystérieux qui vous conduisit à l'Oratoire. Qui sondera les secrets de Dieu dans le gouvernement des âmes ? Le sacerdoce, entrevu dès le début de votre vie, considéré pendant toute votre première jeunesse comme le seul terme à atteindre, semblait maintenant se voiler à vos regards. Était-ce une heure de ténèbres, un de ces moments d'hésitation qui suffisent parfois à jeter une vie en dehors de sa voie ? Non, mon ami, c'était bien plutôt l'heure de la Providence qui s'apprêtait à se révéler. Admirez avec un profond sentiment de reconnaissance comment elle accomplit ses desseins. La vocation, pas plus que la grâce, ne détruit la nature, elle la transforme et l'élève. Des goûts littéraires, des habitudes de bonne compagnie, une sorte de nécessité d'échapper à toutes les sujétions du côté matériel de l'existence, le besoin de vivre dans le commerce d'esprits délicats, et de communiquer à d'autres les richesses amassées par la réflexion et le travail, tout cela, mon ami, vous prédestinait à un état de vie où vous trouveriez la régularité des instituts religieux et la liberté dont jouit le clergé séculier.

Pour répondre à ces aspirations de votre nature et aux desseins de Dieu sur votre âme, vous trouviez la Congrégation de l'Oratoire. Vous n'avez pas été un de ceux qui l'ont rétablie, mais vous avez vécu avec ces esprits cultivés, avec ces cœurs généreux qui jetèrent tant d'éclat sur la société renaissante. Oh ! c'est bien là que Dieu voulait vous fixer, dans cette humble maison de la rue du Regard, disparue depuis et dont il ne reste pas même des ruines, et maintenant dans cette demeure de la rue d'Orsel, où les âmes, malgré tout, savent vous trouver, où moi-même j'ai reçu un jour une aimable hospitalité auprès de votre vénérable supérieur, un témoin lui aussi, et non le moins illustre, des premiers jours de l'Oratoire renaissant[1]. Voyageur arrivé au terme après une marche qui n'avait pas été sans fatigue et sans souffrances, ne pouviez-vous pas

1. Le R. P. Lescœur.

alors, mon ami, comme vous le faites aujourd'hui, remercier la main qui vous avait guidé et soutenu ? *Bono animo gloriam redde Deo.*

Il ne vous restait plus dès lors qu'à seconder de votre bonne volonté et de vos généreux efforts la grâce divine qui allait achever son œuvre en vous accordant l'honneur et en vous imposant la charge du sacerdoce. Le 19 décembre 1863, dans la chapelle du grand séminaire de Tours, vous receviez l'onction sainte des mains de Monseigneur Guibert, assis alors sur le siège de saint Martin, et quelques jours après vous étiez à Fressain vous disposant à monter à l'autel. Ah ! quand vous revêtiez alors les ornements sacrés, dites-moi, mon ami, n'avez-vous pas revu la petite chasuble verte que des mains pieuses et amies avaient confectionnée pour vos jeux d'enfant ? n'avez vous pas revu le petit autel dressé dans la maison paternelle, à l'angle d'une salle à laquelle mes souvenirs donnent des proportions qu'elle n'avait sans doute pas, et, par un de ces phénomènes dont notre imagination a le privilège, n'avez-vous pas confondu le passé et le présent, et formé un tout de ce qui n'était jadis qu'un jeu et de ce qui était devenu une réalité vivante ? Oui, il me semble que ce lointain passé s'est dressé devant vous, et que vous l'avez retrouvé tout entier. Tout entier ! Non, car, hélas ! des êtres aimés avaient disparu, et si vous versiez à l'autel de votre première messe des larmes de joie, vous y versiez aussi des larmes de tristesse, et vous y mêliez les amertumes aux suavités. Je crois revoir cette fête : l'église paroissiale ornée comme aux grandes solennités, l'assistance recueillie suivant avec intérêt les cérémonies saintes et écoutant votre parole avec une attention et une sympathie que les auditoires les plus variés et parfois les plus difficiles ne vous ont jamais refusées depuis. Laissez-moi, mon ami, évoquer ici deux mémoires qui vous sont chères. Votre grand'mère maternelle était là, femme vénérable, dont le cœur à la fois doux et fort sut porter vaillamment les épreuves que Dieu ne lui épargna point, et qui eut pour votre frère et pour vous toutes les sollicitudes d'une mère et toutes les tendresses d'une aïeule. Il était là aussi ce prêtre pieux et zélé à qui sa paroisse reconnaissante faisait fête en vous fêtant, et qui voyait dans le sacerdoce d'un neveu bien-aimé le prolongement de son sacerdoce[1]. Votre aïeule et votre oncle ont retrouvé, je l'espère, dans la patrie où l'on ne connaît plus les séparations, ceux qui étaient partis avant eux, et aujourd'hui invisibles mais réels témoins de votre jubilé, leurs chères âmes s'unissent à nous, et peut-être en ce moment les entendez-vous murmurer à votre oreille : *Bono animo gloriam redde Deo*; de grand cœur ren-

1. M. l'abbé Charles Deleplancque, mort curé de Fressain.

dons gloire à Dieu au ciel et sur la terre ! Dois-je oublier qu'alors aussi un jeune écolier assistait auprès de sa mère à votre première messe ? La Providence lui avait-elle déjà fait entendre cet appel mystérieux qui se nomme la vocation, ou bien attendit-elle ce jour pour se révéler à lui ? Je ne sais, mais depuis, aux liens par lesquels la parenté avait uni vos cœurs se sont ajoutés d'autres liens plus sacrés encore, et vous et moi, nous avons eu un jour la joie de renouveler les émotions de nos prémices sacerdotales en assistant aux siennes.

Prêtre, vous étiez destiné à diriger vos frères, à distribuer largement le pain de la parole, qui ne nous est donné que pour nourrir les âmes, à prendre place parmi ces maîtres distingués que la religion et la liberté devaient susciter de toutes parts pour la grande œuvre de l'enseignement supérieur catholique. Assurément l'Oratoire possédait tout ce qu'il fallait pour vous donner la science et la doctrine que requiert ce triple ministère. Mais il était bon que Rome mît en quelque façon la dernière main à votre formation sacerdotale, et y laissât cette empreinte profonde dont elle marque tout ce qu'elle touche. N'est-il pas vrai, mon ami, que ces années de fortes études théologiques, que ces examens laborieusement préparés et victorieusement subis, que ce commerce quotidien avec des professeurs pour qui la science sacrée n'a plus de secrets, ont été une des grandes grâces de votre vie? C'était de la part de l'adorable Providence une délicate attention ajoutée à beaucoup d'autres, et ce n'est pas une des bénédictions dont vous ayez le moins à la remercier dans cette solennité jubilaire.

« Je sacrifierai tout et je me sacrifierai moi-même pour le salut de vos âmes. » Tel est le cri de saint Paul et le résumé de la vie du prêtre. Vos vingt-cinq années de sacerdoce, mon ami, sont-elles la réalisation de cette parole, avez-vous été ce que l'apôtre appelle un dispensateur fidèle? Ah! je sais bien, comme nous le dit un grand Docteur, que, vivant dans le monde, il est difficile que la poussière du monde ne s'attache quelque peu à notre âme et à nos œuvres. Je n'ignore pas davantage que les grâces reçues de Dieu nous imposent envers lui des obligations si graves que nous avons mille motifs de nous humilier et de nous accuser. Je vous connais assez d'ailleurs, mon ami, pour qu'il ne vous soit pas nécessaire de me dire quel sentiment de votre néant et de votre indignité vous éprouvez au milieu des actions de grâces de votre vingt-cinquième anniversaire. Mais ne serait-ce pas méconnaître les attentions de la Providence et trahir la vérité que de taire le bien accompli? N'est-ce pas du reste beaucoup moins louer celui qui l'a fait que la grâce qui le lui a fait faire ? Donc, mon ami, qu'elles parlent pour rendre gloire à Dieu, les âmes dont vous avez été le guide et le père, les âmes que vous avez éclairées et fortifiées par votre parole : âmes de prêtres et de lévites, âmes d'hommes faits et de jeunes gens, âmes vouées à la solitude du cloître ou aux œuvres de zèle et d'apostolat ! Qu'elles parlent les âmes que vous avez retenues dans la vérité ou que vous y avez ramenées par vos écrits ! Qu'ils parlent les cœurs que vous avez affermis dans l'amour du vrai beau qui n'est pas autre que le vrai bien, par vos poétiques inspirations, écho de votre âme et protestation contre une littérature qui ne respecte plus rien parce qu'elle ne se respecte pas elle-même ! Qu'ils parlent les jeunes gens auxquels vous apprenez à reconnaître et à admirer l'action de Dieu dans le monde, en leur exposant les graves enseignements de l'histoire ! Que d'actions de grâces à rendre, mon ami, et comme vous vous sentiriez impuissant à payer votre dette envers la divine Bonté, si tout à l'heure, à l'autel, vous n'alliez pas tenir entre vos mains Notre-Seigneur Jésus-Christ, c'est-à-dire celui là seul qui peut témoigner à Dieu son père une reconnaissance égale aux bienfaits reçus.

Voilà votre passé, mon ami, le voilà tel que je l'ai revu en interrogeant mes souvenirs, et en refaisant une vie dans laquelle votre amitié m'a fait une part trop grande, pour que je n'aie pas trouvé un charme très particulier à remonter les années que vous avez vécues. Ah! pour ce passé bien long déjà, remerciez Dieu de tout votre cœur, ou plutôt remercions-le tous ensemble, puisque dans cette assistance choisie, il ne se trouve pas un seul indifférent, il ne se trouve pas un cœur qui ne partage vos joies et vos émotions. *Bono animo gloriam redde Deo.*

Mais j'ai cité la suite de ce texte, et c'est avec intention. J'y trouve en effet les dispositions de votre cœur et des nôtres en cette fête jubilaire : *Et non minuas primitias manuum tuarum*, « ne retranchez rien des prémices de vos mains. » Dieu ajoutera-t-il des années nombreuses encore à celles qu'il vous a accordées? Continuera-t-il de donner à votre intelligence et à votre cœur des bénédictions dont il n'a pas été avare durant les vingt-cinq années écoulées? C'est son secret. Assurément s'il entend nos prières et s'il exauce nos désirs, il prolongera pour sa gloire et pour le bien des âmes une vie que vous lui avez donnée et que vous ne voulez pas lui reprendre. C'est précisément la pensée qu'expriment les paroles que je viens de citer : *Non minuas primitias manuum tuarum.* Quel que soit cet avenir, qu'il se borne à quelques jours ou qu'il atteigne l'âge qui vous permettra de consacrer par des noces d'or votre carrière sacerdotale, aujourd'hui, mon ami, renouvelez les promesses d'autrefois et reprenez les espérances de votre ordination et de votre première messe. Je parle d'espérances, et pourtant vous et moi, nous sommes arrivés à cette période de la vie où tout nous avertit que la plus grande partie de la route est faite, et que ce qu'il nous reste à parcourir n'est plus qu'une course rapide vers le terme marqué par Dieu. Mais ne savons-nous pas que le travail se mesure moins à la quantité qu'aux dispositions avec lesquelles il a été fait; et n'est-ce rien, ou même est-ce peu de chose de continuer dans le calme de la maturité et de la vieillesse la tâche entreprise dans ces années où tout paraît facile, parce qu'on se sent plein de force, qu'on croit à l'avenir, et qu'on n'a pas eu le temps de connaître les déceptions? Donc, mon ami, longtemps encore, s'il plaît à Dieu, montez chaque matin à l'autel : vous y retrouverez toujours jeune, toujours beau, toujours bon Celui que les années ne changent pas, et qui réjouira votre déclin comme il a réjoui votre aurore. Éclairez, consolez, relevez, fortifiez les âmes; s'il y a moins d'impétuosité dans votre zèle, il s'y trouvera une expérience des choses et des hommes, qui vous permettra de mieux comprendre l'insondable abîme des humaines faiblesses et l'incommensurable étendue des miséricordes divines. Apportez à la grande œuvre de nos universités catholiques une science chaque jour plus sûre d'elle-même, parce qu'elle étudiera toujours davantage les événements à la lumière de Dieu et les appréciera avec le calme que donnent les années. Faites entendre du haut de la chaire sacrée une parole à laquelle l'âge ajoutera une force plus grande de persuasion, sans lui rien ôter de sa pureté et de son élégance. Écrivez encore des pages auxquelles les érudits applaudiront, que goûteront les délicats, dont vous seront reconnaissants tous ceux qui ont l'amour de Dieu et de la vérité. Écoutez même, mon ami, écoutez encore, à certaines heures du moins, les inspirations de la poésie : elle ne vous sera pas infidèle. Si elle a chanté à votre oreille et dans votre cœur *avant l'automne*, après l'automne elle vous réservera, j'en suis sûr, plus d'un hymne dont Dieu saura bien tirer sa gloire. Auprès de vos frères, pour qui vous serez le témoin autorisé du glorieux passé de votre Congrégation renaissante, achevez ce travail de transformation qui, chaque jour dans la vie religieuse, rapproche l'âme du Dieu à qui elle s'est donnée, et qui à son tour se donnera à elle dans les joies de l'éternité.

Voilà, mon ami, ce que nous cherchons à entrevoir pour vous dans cet avenir qui ne nous appartient pas, voilà ce que notre amitié souhaite, voilà surtout ce que nous demandons à Celui qui vous a accordé la grâce de passer à son service les vingt-cinq années dont nous célébrons l'accomplissement.

Et maintenant remontez à l'autel, et tout à l'heure quand vous tiendrez entre vos mains l'hostie sainte et le calice du sacrifice, dans cet ineffable tête-à-tête du prêtre avec Notre-Seigneur Jésus-Christ, laissez parler votre âme qui sait bien ce qu'elle doit dire :

> Seigneur, à cet autel tout plein de votre gloire,
> Qu'adore et contemple la foi,
> Il m'est doux de porter les vœux et la mémoire
> Des amis qui pensent à moi [1].

C'était le chant de votre ordination et de votre première messe : n'est-ce pas encore le chant de vos noces d'argent ? O mon ami ! oui, portez à Notre-Seigneur les vœux et la mémoire de vos amis. Résumez votre vie tout entière : la maison paternelle et les chères âmes qui sont allées à Dieu ; votre enfance et votre jeunesse avec vos amis, fidèles aujourd'hui comme autrefois ; Tours avec les inoubliables émotions de votre ordination sacerdotale ; Fressain avec ses souvenirs d'une amère douceur ; l'Oratoire avec ses jouissances pieuses et intellectuelles ; Rome avec la joie que donne la pleine possession de la vérité comprise et goûtée ; les ministères variés que vous

1. *Avant l'automne*, Sacerdoce.

avez exercés ; les esprits éclairés par vos écrits et par votre parole ; les cœurs gagnés à Dieu par votre zèle. Que d'actions de grâces et que de joies, et comme votre messe jubilaire doit être une effusion de votre âme dans le Cœur de Jésus !

Dans l'enceinte de ce sanctuaire et plus près de Dieu et de vous, il me semble que nous participerons davantage à vos prières et aux bénédictions qu'elles vont faire descendre du ciel. Que la plus large part aille d'abord à cette mère et à cette enfant en qui se concentrent maintenant pour vous toutes les joies et toutes les douleurs du passé, et qui vous sont unies par des liens d'autant plus chers qu'ils sont presque les seuls qui aient résisté aux événements de la vie ! Qu'elles aillent ensuite à vos amis, aux amis des jours lointains de l'enfance et de la jeunesse, aux amis des heures joyeuses et des heures sombres, aux amis d'hier et à ceux d'aujourd'hui ! Qu'elles aillent aussi à ceux qui sont disparus, puisque le sacrifice que vous vous apprêtez à offrir pénètre par ses salutaires effets au-delà des limites de ce monde. Nous unissons nos prières aux vôtres, mon ami, et puissent-elles obtenir pour tous ceux qui assistent à vos noces sacerdotales la grâce d'assister un jour avec vous dans les immuables allégresses du ciel aux noces éternelles de l'Agneau que vous allez immoler. Ainsi soit-il !

MIRACLE DU SAINT SACREMENT

Dans l'église de Saint-Amé, à Douai, le 12 avril 1254.

Un prêtre s'étant agenouillé pour recueillir une sainte hostie tombée à terre, l'hostie s'éleva d'elle-même et alla se poser sur le purificatoire. Aux cris de ce prêtre, les chanoines accoururent... « On apercevait le Sauveur sous des formes diverses ; les uns le voyaient étendu sur la croix, les autres comme venant juger les hommes, la plupart sous la forme d'un enfant. » (Thomas de Cantimpré, dominicain flamand, disciple du B. Albert le Grand.)

Après ces paroles, dont l'élévation et la chaleur avaient ému l'auditoire qui venait de les entendre, la messe s'est achevée au chant du *Sanctus* et de l'*Agnus Dei.*

On est alors passé au salon, où les invités du P. Largent ont présenté à celui-ci leurs félicitations, et lui ont renouvelé l'expression de leur sympathie.

Au bout de quelques instants, l'un des spacieux salons du collège, transformé en salle de festin, a ouvert ses portes, et une table de quarante couverts a donné place aux invités. Le repas — digne de la fête — s'est passé tout au plaisir de converser avec des amis ou de nouer connaissance entre personnes rapprochées déjà par la communauté des sentiments et par les liens d'une même affection pour la personne fêtée.

Au dessert, M. le chanoine Mortreux s'est levé et a, le premier, porté un toast au P. Largent.

Il a dit combien il était heureux que le P. Largent eût choisi le collège Saint-Jean pour y fêter avec ses amis l'anniversaire de son ordination. Il a rappelé la longue amitié qui l'unissait à son hôte, et exprimé combien cette amitié lui était précieuse. Puis, il a évoqué tous les souvenirs qui rattachaient le P. Largent à la ville de Douai. Enfin, félicitant son ami de l'heureux accomplissement de ses vingt-cinq premières années de prêtrise, il lui en a souhaité vingt-cinq autres non moins heureuses et non moins fécondes, et a bu à son cinquantenaire sacerdotal.

Après ces paroles, qu'ont accueillies de sympathiques murmures d'approbation, M. Georges Plé, avocat à la cour de Paris, parent du P. Largent, a prononcé à son tour les paroles suivantes :

Mon cher Cousin,

Après les paroles que nous avons entendues ce matin, et dans lesquelles l'amitié s'est exprimée en termes si élevés et si émus ; après celles que nous venons d'entendre, il me semble que je devrais me taire. Et cependant, vos parents ici présents, et ceux qui n'assistant pas à cette fête y sont présents par la pensée, ne seraient pas complètement heureux si quelqu'un ne venait en leur nom vous dire les sentiments qui sont dans le cœur de tous.

Ces sentiments, que votre modestie me laisse, une fois au moins, m'en faire l'interprète.

Ce sont, d'abord, des sentiments d'estime pour l'honnête homme, pour le saint prêtre, qui semble avoir pris à tâche de réaliser dans sa vie le vœu qu'une femme supérieure exprimait ainsi : « Que notre vie soit pure comme un champ de neige où nos pas s'impriment sans laisser de souillure [1]. »

Ce sont des sentiments d'affection pour le cœur chaleureux auquel les années ont apporté l'expérience, sans y joindre la froideur ou l'amertume.

Ce sont des sentiments de fierté aussi. Oui, mon cousin, laissez-moi vous le dire, nous sommes fiers de vous. Cette loi mystérieuse de la solidarité, qui parfois se fait maudire, aujourd'hui nous la bénissons, car elle nous honore. Nous sommes fiers du savant consciencieux dont tous les travaux sont marqués au coin d'une exactitude scrupuleuse ; du professeur d'élite qui sait porter la lumière dans les questions les plus abstruses de l'histoire ; du lettré délicat qui est

1. Mme Swetchine, Airelles, I.

allé à l'école de Virgile, de Fénelon et de Racine; de l'artiste enthousiaste pour qui rien n'est au-dessus de la beauté de la forme, — si ce n'est la beauté de la vertu. Oui, votre famille est fière de vous, comme la vigne est fière des grappes d'or qu'elle a portées.

Laissez-moi, avant de finir, former un vœu que je prie le ciel d'exaucer. Je demande à Dieu qu'il vous accorde les longues années que vous promet votre verte maturité, et que nous aussi, blanchis à notre tour, mais toujours jeunes par le cœur, nous puissions un jour fêter avec vous, non plus vingt-cinq années comme aujourd'hui, mais un demi-siècle de travail, d'honneur et de dévouement. A vos noces d'or!

M. Bonduel, curé de Wicres, qui avait été vicaire de la paroisse de La Bassée pendant la jeunesse du P. Largent, a voulu à son tour féliciter celui-ci de l'heureux anniversaire qu'il lui était donné de fêter, lui rappeler de chers souvenirs, et lui dire qu'il faisait honneur à son pays natal.

M. le chanoine Derouhaix, doyen de Notre-Dame, a ensuite adressé des souhaits affectueux au prêtre qui, de longue date, est pour sa paroisse un prédicateur ordinaire ; et M. Alphonse André, parlant au nom des amis douaisiens du P. Largent, s'est exprimé en ces termes :

Mon Révérend Père,

Bien longtemps j'ai hésité à prendre la parole aujourd'hui; longtemps deux pensées contraires m'ont sollicité. L'une me disait tout bas que je n'avais pas besoin de vous exprimer les sentiments que mon cœur nourrissait pour vous, que vous les connaissiez, et qu'il me suffisait d'applaudir les voix plus autorisées que la mienne qui ne manqueraient pas de se faire entendre. L'autre, je crois que c'était la reconnaissance qui me l'inspirait, me disait très haut qu'il y a dans la vie des occasions où le silence des lèvres pourrait faire croire à celui du cœur, et qu'après tout, les paroles les plus simples valent encore par la sincérité de leur accent. C'est cette dernière pensée qui m'a décidé à parler. Si j'ai présumé de mes forces en l'écoutant, vous voudrez bien me le pardonner.

Il y a de longues années, mon Révérend Père, que j'ai l'honneur de vous connaître. C'était presque au lendemain de votre ordination que je vous vis pour la première fois. Depuis ce temps nous avons été tous deux les témoins tantôt tristes, tantôt heureux des événements divers survenus dans nos deux familles; nous avons pleuré les mêmes douleurs, hélas! trop fréquentes; nous nous sommes réjouis des mêmes bonheurs. Toujours je vous ai retrouvé l'ami fidèle qui compatit à nos peines, qui partage nos joies. J'en ai éprouvé une profonde, une inaltérable gratitude que je tiens à vous exprimer ici. J'ajoute que votre amitié m'était d'autant plus précieuse qu'elle était celle d'un ministre des autels qui accompagne les consolations d'une prière, les félicitations d'une action de grâces.

Vous, Messieurs, que je vois réunis à cette table, pour être moins anciennement connus que moi du Père Largent, vous n'en êtes pas moins aimés. Comme moi vous êtes très honorés de l'estime particulière qu'il a pour chacun de nous, et très touchés de la délicate attention qui nous a fait convoquer à cette fête de famille. Je vais au-devant de vos désirs en joignant vos remerciements aux miens pour ne faire de tous qu'une seule voix, comme jadis, mon Révérend Père, il n'y en avait qu'une pour admirer ces belles conférences que vous avez faites à notre cercle, et dont nous garderons toujours le meilleur souvenir[1].

Oserai-je également me faire l'interprète des sentiments des dames qui sont présentes? Elles aussi aimaient à vous entendre et à vous applaudir. Elles me pardonneront de n'être pas un plus éloquent interprète : elles ne peuvent du moins en avoir de plus heureux de parler en leur nom.

Sous le regard de saint Jean, le modèle de l'amitié, dans cette maison qui fait si bien honneur à son nom par l'hospitalité qu'elle nous offre gracieusement aujourd'hui, nous portons votre santé, en priant Dieu qu'il vous fasse encore vivre longtemps, et vous per-

1. *Saint Jean Chrysostome et la critique contemporaine* (janvier 1873); — *Chantilly au dix-septième siècle* (février 1887). — *Madame de Maintenon* (février 1888).

mette de réunir de nouveau vos amis dans vingt-cinq ans, pour fêter votre cinquantaine sacerdotale.

Mgr Dehaisnes, vice-recteur honoraire de l'Institut catholique de Lille et ancien archiviste du département du Nord, le savant historien de l'*Art avant le quinzième siècle* [1], qui confond dans le même culte les vieux parchemins et la fraiche poésie, a clos la fête en lisant les vers suivants qu'il avait composés en l'honneur du P. Largent :

AU P. AUGUSTIN LARGENT

DE L'ORATOIRE

Non, tu ne seras point, modeste La Bassée,
La ville la plus humble et la plus délaissée
Dans les pays d'Artois, de Flandre et de Lalleu :
Car de toi sont sortis des ministres de Dieu,
Hommes de foi, de cœur, d'action, de science,
Qu'en ses desseins le Ciel a donnés à la France.
A Solesme, à Cambrai, sont deux de tes enfants,
L'un [2], toujours fier, malgré les travaux et les ans ;
L'autre [3], par ses vertus, nous laissant reconnaître
Qu'il est bien le neveu de Delplancque, un saint prêtre.
Nous avons vu longtemps Marcq, Saint-Bertin, Chalon,
D'un autre Basséen s'envier le renom,

1. *Histoire de l'Art dans la Flandre, l'Artois et le Hainaut avant le quinzième siècle*, ouvrage auquel l'Académie des Inscriptions et Belles-Lettres a décerné, en novembre 1887, le second prix Gobert.

2. M. l'abbé Roussel, curé-doyen de Solesmes.

3. M. l'abbé V. Deleplancque, chapelain de Saint-Roch, à Cambrai.

Jusqu'à ce qu'un prélat le ravît au collège,
Pour l'asseoir dans Beauvais à côté de son siège [1].
Le nom d'un autre fils de cette humble cité
Depuis plus de trente ans est ici répété.
Le collège Saint-Jean, cette maison aimée,
Qui voit croître toujours ses murs, sa renommée,
Ses enfants, de la foi noble et ferme soutien,
Et tout ce que Douai connaît de plus chrétien,
Généreux champions des causes les plus saintes,
Paroisses et couvents dans leurs vastes enceintes,
Admirent le talent, les accents chaleureux,
La main ferme et le cœur du chanoine Mortreux.
Il est encore un fils de l'humble La Bassée,
Vers qui doit aujourd'hui se porter la pensée.
De mon adolescence évoquant le matin,
Je vois, au demi-jour d'un souvenir lointain,
Près d'une autre Monique, aimable et sainte mère,
Un enfant, jeune encor, jouant avec son frère,
Les cheveux blonds, alors, et l'œil un peu mutin,
Répondant d'un sourire au beau nom d'Augustin.
Un nom prédestiné ! car c'est à l'Oratoire,
Où du grand Augustin si chère est la mémoire,
Que d'autres souvenirs me le montrent plus tard.
Dans l'asile pieux qu'on nommait le Regard,

1. M. Charles Leleux, aujourd'hui grand-vicaire d'Arras.

SAINT AUGUSTIN
Tableau d'un maître anonyme italien du quinzième siècle.
Musée du Louvre.

Avec Gratry, Perraud, Pététot, il veut être
Un oratorien, un savant et saint prêtre.
Il l'est bientôt. Formé par ces maîtres fameux,
Leur émule, leur frère, il amasse comme eux
Des trésors de vertu, de grâce et de science,
Trésors que dans Paris et par toute la France,
De la voix, de la plume, il répand aujourd'hui,
Et toujours sans compter, partout autour de lui.
C'est le semeur de Dieu : comme en la parabole,
Il jette à tous les vents ses écrits, sa parole,
Sur le roc, le sillon, l'épine et le chemin ;
Le soleil de là-haut fécondera demain.
Et nous, restés ici dans la terre de Flandre,
En entendant au loin son renom se répandre,
En lisant ses écrits, en écoutant sa voix,
En répétant ses vers, nous nous disons parfois :
Non, tu ne seras point, modeste La Bassée,
La ville la plus humble et la plus délaissée
Dans les pays d'Artois, de Flandre et de Lalleu ;
Car de toi sont sortis des ministres de Dieu,
Hommes de foi, de cœur, d'action, de science,
Qu'en ses desseins le ciel a donnés à la France.

Le 3 janvier 1889, en l'octave de Saint-Jean, en la fête de sainte Geneviève, patronne de Paris.

On est ensuite passé au salon où la conversation s'est prolongée; puis les invités du P. Largent ont pris successivement congé de leur hôte.

Ainsi s'est terminée cette fête, laissant à ceux qui avaient eu le plaisir d'y assister l'impression d'un jour heureux, embelli par l'échange des sentiments d'amitié, et sanctifié par les souvenirs qu'elle avait évoqués.

G. P.

Sceau du chapitre de Saint-Amé de Douai en 1202.
Archives nationales.

LE CARDINAL DE BÉRULLE

Fondateur de l'Oratoire en France.

Le bas-relief représente Jonas rejeté par la baleine, symbole de la résurrection. — Sculpture de Jacques Sarazin, conservée au collège de Juilly ; dix-septième siècle.

L'étang du collège de Juilly.

LA FÊTE
AU COLLÈGE DE JUILLY

LUNDI, 25 FÉVRIER 1889

La résidence oratorienne de la rue d'Orsel, à Paris, avait eu sa fête. Un même sentiment de joie et une même pensée de félicitations réunissaient un nombreux groupe de Pères, et parmi eux, plusieurs délégués des autres maisons.

A Douai, quelques jours après, les nombreux amis du R. P. Largent avaient tenu également à célébrer dans le pays natal la vingt-cinquième année sacerdotale d'un prêtre que le diocèse de Cambrai n'a pas entendu perdre en le donnant à l'Oratoire.

Juilly était représenté à la fête de Paris par le R. P. Olivier, supérieur, et le P. Paul Lallemand. Cette part ne pouvait suffire au vieux collège, où le R. P. Largent compte tant d'amis déjà anciens, et où le charme d'une conversation si riche en souvenirs et d'une bonté si cordiale lui a conquis tous les cœurs. Que de liens rattachent le R. P. Largent à Juilly! Il en est souvent l'hôte aimé; et s'il y vient parfois chercher un délassement, il l'apporte par sa présence plus sûrement qu'il ne le trouve. Car il ne s'y repose pas toujours. Que de fois sa parole chaleureuse et brillante a retenti dans la chapelle, allant droit aux âmes par l'élévation des idées, la richesse des aperçus et l'accent pénétrant d'une conviction sincère! S'il est membre d'honneur de l'académie Malebranche, il n'a voulu devoir son titre qu'à lui-même. Qui ne se souvient de cette savante et spirituelle conférence sur *Condé à Chantilly*, dont la ville de Douai avait eu les prémices? Le 25 février dernier, il nous peignait *Racine en famille*, mêlant à la bonne grâce, à l'émotion discrète et à la science du lettré, le sentiment chrétien du vrai prêtre. Il a chanté en poète le marronnier de Malebranche :

... tout couronné d'une auréole blanche,
Le marronnier géant que planta Malebranche
Prête aux fronts de quinze ans, sous son orbe abrités,
La robuste verdeur de ses deux cents étés [1].

Le R. P. Largent est donc bien des nôtres. Juilly, d'ailleurs, le dernier débris de l'antique patrimoine oratorien que nous conservions, n'est-il pas le centre naturel et comme le foyer de toute la famille? Il semble que toute joie et tout deuil des membres y doivent retentir plus profondément qu'autre part. Ne vient-il pas d'être consacré une fois de plus comme une terre sainte par la dépouille mortelle de nos Pères vénérés, le R. P. Pététot, le R. P. Marchal et le R. P. Mariote? N'est-il pas ainsi devenu pour tous comme une seconde patrie, et pour beaucoup la demeure suprême où ils dormiront leur dernier sommeil?

A tous ces titres, il était bien naturel que les Pères du col-

1. *Avant l'automne*. Juilly, II.

lège de Juilly tinssent à l'honneur et à la joie de célébrer le vingt-cinquième anniversaire du sacerdoce du R. P. Largent. Ils se réunirent au réfectoire des parents pour lui exprimer leurs compliments et leurs vœux. Les sentiments de tous se traduisirent, selon le goût de chacun, soit par un toast, soit par un mot parti du cœur, soit par un souvenir rappelé à propos, soit par une improvisation en prose, soit par une pièce de vers, auxquels le R. P. Largent ripostait chaque fois par un mot heureux ou par un trait d'esprit. Les trois langues classiques y parurent d'autant plus à leur place, que les lettres sont restées pour le R. P. Largent, tout autant que les sciences ecclésiastiques, l'objet d'un culte passionné.

La première, la Muse grecque eut la parole. Elle ne venait point de l'Hélicon, où elle n'habite plus guère, mais des collines de Normandie où elle semble s'être réfugiée. Elle aime les coteaux de Saint-Lô en particulier, où l'attire le cher P. Jeanne. Est-ce en Attique, est-ce en Normandie qu'elle a cueilli pour lui le charmant bouquet de fleurs qu'il s'est empressé de nous envoyer? C'est leur secret à tous deux. Quoi qu'il en soit, nous en avons tous respiré avec délices le parfum délicat et pénétrant. Le P. Chauvin a eu le plaisir de le présenter; il essaye d'en donner ici en français une pâle image, qu'on ne regardera pas, puisque voici le bouquet lui-même dans toute sa fraîcheur, que le temps ne saurait flétrir.

Ἐπεὶ σ' ἀείδειν, ὡς λέγουσιν, ὦ πάτερ,
οὔπω παρῆλθε καιρὸς, ἀλλ' ἔτ' ἐμμένει,
κἀγὼ, ὁ ποικίλων μὲν αἰλούρων χάριν
σοὶ καὶ Ῥακινίου πάλαι ἐζευγμένος,
νῦν δ' αὖ τιν' εἰς ὁμοψύχου συμφωνίας
μοῖραν Θεοῦ κατασταθεὶς δωρήματι,
τὴν σὴν καθυμνῆσαι ἑορτὴν βούλομαι.
Σοὶ μὲν γὰρ οὐ γήρως ἀφικνεῖσθαι κρύος,

ἀλλ' ἦρος ἀνθήσειν τὸ δεύτερον χρόνον,
τοσαῦτα σημαίνει ἔτη πεφευγότα.
Ὥσπερ γὰρ ὑψηλὴν ὄρους ἂν πολλάκις
κορυφὴν ἴδοις συχνῷ πάγῳ λευκουμένην,
Ἔνδον δὲ πῦρ ἀνημμένον κατηρεφὲς
δένδρων φύει καὶ ἀνθέων δεινὴν φοράν·
οὕτω σὺ μὴ ἀργυροειδὲς τὸ τριχῶν
οἴκτειρε τοῦτ', ἐν τῇ γ' ἐπεὶ σῇ καρδίᾳ
φλὸξ ἐμμένει τις οἷά θ' ἥδιστον τρέφειν
καρπὸν, θέρους γλυκεῖαν ἐλπίδ' εὐπόρου.
Ἄγε δὴ, πάλιν θάρσει σὺν ἀνδρείᾳ τρέχειν·
μακρὰν γὰρ ἐξέσται πατεῖν ὁδὸν, πάτερ.
Μὴ λῆγέ τοι, διδάσκαλ' ὦ χρυσόστομε,
πιστοῖς μαθηταῖς χρήσιμον σῖτον νέμων,
φωνῇ τε βιβλίοις τε δοξάζων Θεὸν,
καὶ φαιδρὸν, ᾗ κεν εἰσίῃς, σπείρων φάος.
Σοῦ καὶ γὰρ οὖν ἀφιγμένου, πάντας γελᾶν,
πάντας τε σαίνειν οὐχ ὁρᾷς ἀπ' ὀμμάτων,
ὡς εἰ ταλαιπώροις πυκνῷ ἐνὶ σκότῳ
κεκλεισμένοις ἀκτὶς γένοιτ' ἂν ἡλίου ;
Ἀλλ' οὖν γε τοῦτον τὸν βίου σώζειν τρόπον
εἴθ' ὤφελες δὴ, μέχρις οὗ ἂν παντελῶς
ἑκατὸν τελειώσῃς ἔτη, σύ τ' εὐτυχὴς
αὐτὸς μὲν, ἄλλοις δ' ὀλβίων ὢν αἴτιος !
Ἥξει ποτὲ, σκοτεινὸς ἥξει ὁ χρόνος·
αὐτὴ δ' ὀπώρα τερψίνουν ἔχει χάριν,

καὶ πᾶν ὅπερ γ' ἀργυροειδὲς ἦν τὸ πρὶν,
χρυσοῦ καλῷ τοῦτο σκεπάζει χρώματι.

ΑΙΛΟΥΡΟΦΙΛΟΣ.

TRADUCTION

Puisqu'il n'est point trop tard, me dit-on, de te chanter, cher Père, puisqu'il en est temps encore, je veux à mon tour, moi dont la première sympathie, fondée sur un commun amour pour Racine et pour la robe ondoyante des chats, s'est transformée, grâce à Dieu, en une affection plus haute, je veux célébrer ta fête. Car, ce n'est pas l'approche de la froide vieillesse, c'est le retour des fleurs et d'un second printemps semblable au premier, que cette solennité nous présage. Souvent les hautes montagnes portent sur leurs sommets blanchis un épais manteau de glace, tandis qu'à l'intérieur brûle un feu intense qui produit une riche végétation d'arbres et de fleurs. De même, ne te plains pas de cette chevelure d'argent qui couronne ton front; dans ton cœur vit une flamme féconde en fruits bénis, féconde en espérances d'une riche moisson. Courage donc! Entre dans la nouvelle carrière avec ton activité virile; il te reste une longue route à parcourir, cher Père. Continue, maître à la parole d'or, à nourrir tes fidèles disciples d'un pain substantiel, à glorifier Dieu par tes discours et par tes livres, à semer partout où tu passes la lumière et la joie. Quand tu parais, ne vois-tu pas toutes les lèvres te sourire, tous les regards te faire accueil ? Tel un rayon de soleil pénétrant dans un cachot ténébreux console le malheureux prisonnier. Puisses-tu conserver cette radieuse jeunesse et atteindre ainsi jusqu'à la centième année, heureux toi-même et faisant le bonheur des autres ! Sans doute viendront les jours obscurs. Mais l'automne lui même a sa grâce et ses charmes : tout ce qui était *d'argent* auparavant se revêt d'une belle parure d'or.

UN AMI DES CHATS

Le R. P. Bouscaillou avait réveillé pour la circonstance la muse française, qui sans doute visitait La Fontaine à Juilly, quoique l'histoire n'en dise rien, et dont il est depuis si longtemps lui aussi le familier et l'ami. La fable qu'il nous lut, d'une voix légèrement émue, rappelait les meilleures inspirations de l'aimable et fin moraliste. Le dernier vers surtout souleva d'unanimes applaudissements. La muse française était bien la sœur de la muse grecque. Qu'on en juge :

L'AUTEUR ET LA RENOMMÉE

Dans leur propre pays, chez leurs contemporains,
Bien rarement les hommes sont prophètes.
Le Christ l'a dit. Que d'écrivains,
Que d'orateurs, d'artistes, de poètes,
Hélas! l'ont expérimenté !
L'un d'eux, qui soupirait pour la célébrité,
Sans que jamais un seul rayon de gloire
Fût venu caresser son front,
En gémissait tout bas. « Pareil affront,
Répétait-il, est rare dans l'histoire. »
Un jour qu'il se plaignait ainsi,
Triste, découragé, voici
Qu'à ses yeux tout à coup parut la Renommée.
« Je suis, dit-elle, accoutumée
A ces plaintes : Klopstock, Milton,
Et plus d'un autre dont le nom
Scintille parmi les étoiles,
Se sont plaints comme toi. » Puis soudain écartant
De l'avenir les sombres voiles,
Et lui montrant son front de gloire rayonnant :
« Accuse-moi, plains-toi, dit-elle, maintenant. »

A partir de ce jour l'auteur reprit courage,
Et, si parfois sur lui passait quelque nuage,
Se penchant aussitôt vers la postérité,
Tranquille, il écoutait son immortalité.

Au cher P. Camille Verschaffel, le maître vénéré d'un si grand nombre d'entre nous, il appartenait de traduire nos pensées et nos sentiments en prose dans ce style alerte, agile, élégant qui est l'homme même. Après nous avoir égayés par une plaisante pièce de vers latins envoyée par le P. Godet, il s'exprima à peu près ainsi :

Nous célébrons vingt-cinq années de vie sacerdotale passées au milieu de nous. Les lettres et les sciences ecclésiastiques ont contribué à en assurer la fécondité : vous me permettrez de n'en point parler ici. Je ne veux voir dans le P. Largent que l'oratorien.

Lorsque la postérité oratorienne scrutera d'une main pieuse les annales de notre restauration et comme nos secondes origines, ce temps si près de nous qui devient de plus en plus le passé de l'histoire, elle fera, ce me semble, une place à part au P. Largent, entre le premier et le deuxième âge du nouvel Oratoire, ou plutôt dans l'un et dans l'autre. Il a été en effet le plus jeune de la première génération, comme il est le plus vénéré de la seconde ; il a été le disciple, disciple hors de pair, des Gratry, des Valroger, des Gillet ; il n'a jamais cessé d'être pour nous l'initiateur et le maître.

Le maître! il l'est par toute sa vie; il l'est jusque dans le charme d'une conversation, plus instructive en son abandon que les leçons de la science.

Nous formons des vœux aujourd'hui pour que le P. Largent voie une troisième et une quatrième générations oratoriennes, qui l'écouteront, le vénéreront et l'aimeront comme nous tous.

Le P. Camille Verschaffel avait fini et on l'écoutait encore. Le P. Paul Lallemand laissa alors envoler quelques-unes des strophes ailées qui sont comme la forme naturelle de sa pensée. Il avait improvisé un sonnet que voici :

Recevoir, en naissant, le baiser de la Muse ;
Grandir au clair printemps, qui prodigue les fleurs ;
Traverser en chrétien le monde qui s'amuse,
Ainsi que Jonathas, cueillant quelques douceurs,

Au galop, sans arrêt ; âme simple et sans ruse,
Cœur d'enfant, regarder les divines hauteurs,
Où montait, s'exhalant comme un parfum de Suse,
Le matinal encens des premières ardeurs ;

Prêtre enfin de Jésus, avec ta fraîcheur d'âme
Pure et chaude, aviver l'inextinguible flamme
Qui montre le chemin et guide vers les cieux ;

Rester jeune malgré ta chevelure blanche,
Poète, prosateur, rappeler Malebranche :
Voilà qui fait ton nom doux, aimé, radieux.

Le R. P. Thédenat, dont nous regrettions tous si vivement l'absence, avait tenu à exprimer ses vœux dans la langue et sous la forme auxquelles il a particulièrement foi et qui lui semblent être un gage d'éternelle durée : celles de l'inscription latine. Le P. Bordes lut cette pièce commémorative avec une gravité toute romaine :

CLARISSIMO·VIRO
R·P·AVGVSTINO
LARGENT
POST·NATALEM
SACERDOTII·SVI
ARGENTEVM
DIES·ANNOSQVE
INNVMERABILES
AVREOS

Après la poésie et la prose, les arts. Le P. Lecanuet les avait mis à contribution. Son talent bien connu pour la photographie lui permettait d'offrir au R. P. Largent une reproduction du célèbre tableau de Munkaczy, *le Christ au Calvaire*. Un second sujet aussi bien réussi ne manquait ni de charme ni d'à-propos : *Un Enfant jouant avec des chats*. Le P. Lecanuet était sûr d'aller tout droit au cœur du P. Largent.

Après quelques paroles du R. P. Olivier, supérieur, rappelant au R. P. Largent que cette petite fête de famille le faisait plus que jamais nôtre, et que Juilly avait désormais un droit acquis pour célébrer les *noces d'or* dans vingt-cinq ans, la séance fut levée.

Un salut d'action de grâces, auquel toute la maison fut heureuse de s'associer le soir même et où le R. P. Largent voulut bien donner la bénédiction du Très Saint Sacrement, fut le digne couronnement de cette belle journée, si fraternelle et si douce. Tous les cœurs chantaient le *Quam bonum et quam jucundum habitare fratres in unum.*

A. C.

Juilly, mars 1889.

L'ancienne chapelle du collège de Juilly.

DUMOULIN
ET CIE
RUE
DES GRANDS
AUGUSTINS. 5
IMPRIMEURS
PARIS
PARIS

www.ingramcontent.com/pod-product-compliance
Ingram Content Group UK Ltd.
Pitfield, Milton Keynes, MK11 3LW, UK
UKHW021654260726
13994UKWH00003B/1454

9 782329 384368